FÉILE FILÍOCHTA

First published in Ireland in 2024
"An Bean Sí"
Publishing House
Compilation copyright © 2024 Féile Filíochta
Typeset in Futura
Design & illustration by Inês Q.McGee
The moral right of the authors has been asserted.
All rights reserved.
No part of this publication may be reproduced,
stored or introduced into a retrieval system, or transmitted,
in any form or by any means
the prior written permission of the publishing house.

Foilsíodh den chéad uair in Éirinn i 2024
"An Bean Sí"
Teach Foilsitheoireachta
Cnuasach Cóipcheart ©2024 Féile Filíochta
Clóchur i Futura
Deartha & léiriú ag Inês Q.McGee
Tá ceart morálta na n-údar dearbhaithe.
Gach ceart ar chosaint.
Ní cheadófar aon chuid den fhoilsiúchán seo a atáirgeadh,
a stóráil nó a thabhairt isteach i gcóras aisghabhála, ná a tharchur,
in aon fhoirm ach trí chead scríofa roimh ré ón teach foilsitheoireachta.

ISBN
979-8-88940-676-1

FÉILE FILÍOCHTA 2024

Is iad na hOifigigh Pleanála Teanga sna limistéir pleanála teanga thart timpeall ar chathair na Gaillimhe a bhunaigh agus a stiúir an tionscadal Féile Filíochta:

- Ándría Uí Thaidhg, Gaeilge Mhaigh Cuilinn/Gaeltacht Mhaigh Cuilinn;
- Micheál Mac Aoidh, An Bruach Thoir/Gaeltacht Oirthear Chathair na Gaillimhe;
- Aoife Ní Chonghaile, Gaeilge ABC/Gaeltacht Bhearna – Chnoc na Cathrach;
- Ciarán O Tiarnaigh, An tEachréidh/Gaeltacht an Eachréidh.

Ba iad cuspóirí an tionscadail splanc na filíochta a adhaint i ndaltaí bunscoile sna ceantair Ghaeltachta thart timpeall ar chathair na Gaillimhe agus na daltaí sin a treorú i dtreo bhóthar na litríochta. Chomh maith leis sin, bhí súil againn caidreamh láidir a chruthú idir na scoileanna Gaeltachta seo a leanas, a ghlac páirt sa dtionscadal:

- Scoil Bhaile Nua, Maigh Cuilinn;
- Gaelscoil Mhic Amhlaigh, Cnoc na Cathrach;
- Scoil Shéamais Naofa, Bearna;
- Scoil Náisiúnta Naomh Breandán, Eanach Dhúin;
- Scoil Bhríde, Mionloch.

Cuireadh sraith de cheardlanna taitneamhacha ar siúl sna scoileanna faoi stiúir na filí Máire Holmes agus Aimée Ní Chonaing. Is as na ceardlanna sin a d'eascair an leabhar álainn seo, ina bhfuil samhlaíocht agus ildánacht na ndaltaí le brath. Cuireadh pictiúir bheaga le chuile dhán, atá bunaithe ar ábhar na ndánta, agus beidh deis ag na daltaí na pictiúir seo a dhathú agus iad ag léamh na ndánta uile sa leabhar.

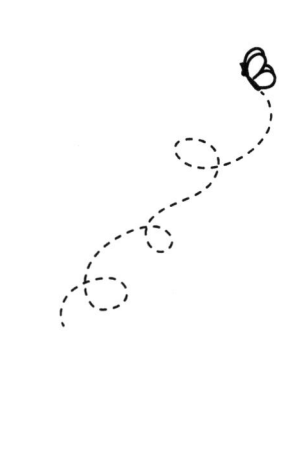

SIÚCRA

Is maith liom siúcra
Is maith liom tae
Is maith liom cáca ag meán-lae

Ní maith liom banana
Is breá liom sú-talún
Tagann siad ón ngairdín gach lá
Itheann muid iad gach maidin freisin le leite
álainn

Kian Ó Fátharta

SPÓRT

Sacar is fearr liom
Páistí ag spraoi
Oscail do shúile
Imirt agus Spraoi
Rithim sa ghairdín
Ag scóráil cúl álainn
Gach aon lá

Harry Ó Gabháin

BREITHLÁ

Is maith liom cáca
Is maith liom bronntanais
Tá mé ag comhaireamh
Tá mo chara agus mo chol ceathrar ag dul
Beidh mo bhreithlá i Wildlands
Is maith liom mo bhreithlá

Clara Ní Bháine

LIVERPOOL

Is maith liom Liverpool
Is maith liom Klopp
Is maith liom Mo Salah
Agus an roar ón Kop

Is maith liom Trent
Is maith liom Allison
Is maith liom Diaz
Agus freisin Robertson

Fionn Mac Giolla Mhartain

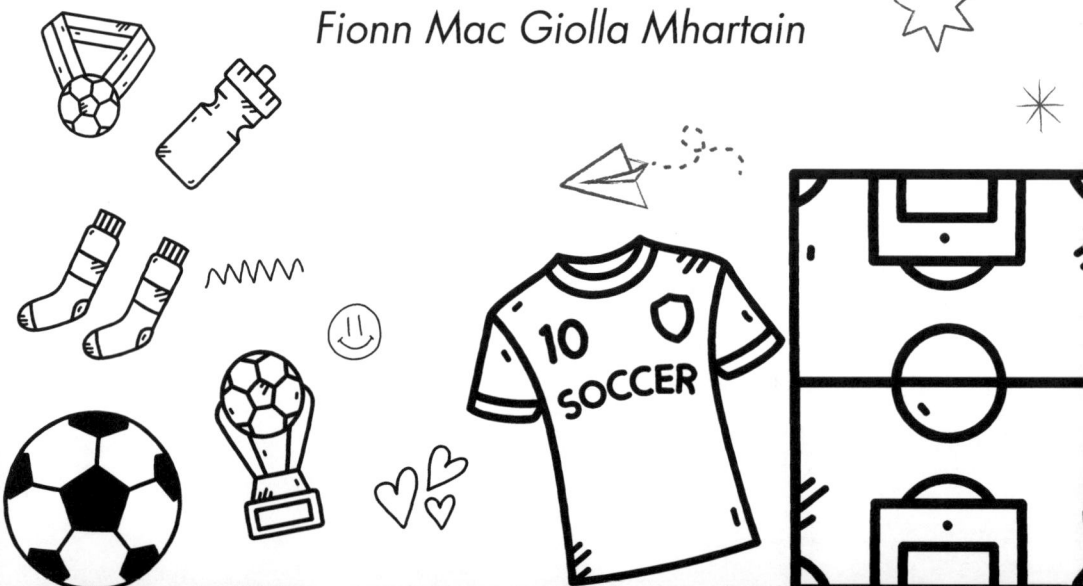

SPÓIRT

Is maith liom Sacar
Is maith liom Peil
Is maith liom iomanaíocht
Is maith liom cispheil
Cic is preab
Go lár an lae

Donnacha Ó Lionnáin

AINMHITHE

Is maith liom capall
Is maith liom madra
Is maith liom cat
Agus is maith liom caora

Is maith liom ainmhithe

Emma Seoighe

SCOIL

Sa rang atá muid
Cairde ag spraoi
Oideachas go laethúil
I mBaile Nua
Lán le háthas!

Robert Ó Báine

CAIRDE

C-airde is craic
A-thás agus spraoi
I- Scoil Bhaile Nua
R-itheann mé gach lá
D-éanann muid eolaíocht
E-ist leis na múinteoirí

Lilly Ní Loideáin

SCOIL BHAILE NUA

Scoil Bhaile Nua
Is scoil den scoth í
Le múinteoirí deasa
Is páirceannaí móra

Le cairde deasa
Is gach rud i nGaeilge
Is mise ar scoil
Is breá linn Gaeilge

Tess Ní Fhéinneadha

HAIKU – MO MHADRA

Fuair mé go leor ór
Dúirt mo mhadra, 'Tá mé fuar.'
Só, fuair mé teach mór.

Pota ór mór lán
'Tá mé ag iarraidh bréagáin,'
A dúirt mo mhadra.

Bréagáin a fuair mé
'Táim ag iarraidh pota tae'
Fuair mé pota tae.

'Go raibh maith agat,'
'Ta mé ag iarraidh codladh,'
Arsa mo mhadra.

Elliott Ó Cadhain

SPÓIRT

Peil agus Iomanaíocht
Leadóg agus spraoi
Ní maith liom galf
Ach is breá liom iománaíocht

Is breá liom sacar
Le Messi is Ronaldo
Is breá liom spóirt
Le páirceannaí móra fada

Báisteach is grian
Taobh amuigh nó faoi díon
Imrím gach lá den bhliain

Is breá liom spórt
Is é an rud is deise liom

Cathal Ó Maoiliadha

BREITHLÁ

Ar mo bhreithlá
Le Mam agus Daid inné
Chuaigh mé go-cartáil
I rith an lae.

Rian Ó Lorcáin

MADRA

M-é féin agus mo mhadra
A-gus é ina luí
D-ún na nGall abú!
R-ith na maidine ag spraoi
A-g ithe go leor

Lúc Ó Gormáin

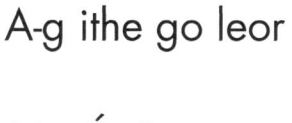

SCOIL

S-a scoil bíonn am spraoi
C-airde go leor
O-ideachas agus áthas
I-n son seomra ranga
L-án le craic

Lauren Ní Lionnáin

MADRA

Is maith le mo mhadra spraoi
Tá ainm air – Aussie
Tá sé dubh agus bán
Agus is maith leis dán.

Caoilinn Ní Riagáin

SOCAR

Spóirt go spraoiúil
Oscail do shúile
Cairde is craic
Agus tá go leor cluichí le spraoi
Rachamid go dtí an pháirc

Liam Ó Lionnáin

CLUICHE

Tá muid ag dul go cluiche mór
Tá muid ag súil nach mbeidh sé fuar
Dessie, Seán, Paul is Eoghan
Gach duine ag bookáil ar an bhfón.

Charlie Ó Gabháin

CAIRDEAS

Craic agus spraoi
Amuigh sa chlós inniu
Íse, Lilly, Lauren, Caoileann, Tess
Rang a ceathair ag léiriú meas
Daoine go deas lena chéile
Ealaíonta agus ceolmhar
Ag rith taobh amuigh
Sona sásta leis an gcairdeas

Íse Ní Lionáird

BREITHLÁ

Tá mo bhreithlá i gceann cúpla seachtain
Ag comhaireamh síos gach lá
Ag súil go mbeidh sé go maith
Agus le haimsir bhreá

Déaglán Ó Curraoin

Scoil Bhríde

Mionloch

IS MAITH LIOM…

Is maith liom Lego,
Is maith liom ríomhairí.
Is maith liom an scoil,
Is maith liom ceapairí.

Ní maith liom obair baile,
Ni maith liom cead a lorg.
Ní maith liom a bheith brónach,
Ach, is maith liom ficheall!

Tom

SÍÓGA

Bhí Síogaí buí ag damhsa
leis an ghaoth.
Le slat draíochta ina lámh.
Bhí an ghealach agus na
réaltaí sa spéir.
Bhí an síóg beag buí
le feiceáil san aer.

Aoife

BOB AN TURTAR

Is mise Bob an turtar.
Tá teach beag ar mo dhroim.
Tá súile glasa agam agus
níl mé ró-scioptha.

Is mise Bob an turtar.
Is maith liom leithís.
Níl mé mór agus
tá mé beag.

Is mise Bob an turtar.
Is maith liom a bheith ag spraoi agus
is maith liom mo chairde.

Emilia

RUAILLE BUAILLE

Bhí ruaille buaille amuigh sa chlós.
Níl sé críochnaigh fós.
Bhí ruaille buaille ar an traein,
mar tá go leor éin.

Bhí ruaille buaille ag an balún,
ní raibh sé chomh ciúin.
Ní maith liom ruaille buaille.
Ba mhaith liom dul a chodladh.
Tá cluasáin dubha orm.
Beidh sé chomh ciúin.

Freya agus Ariah

IS BREÁ LIOM PÓNAIRÍ

Is breá liom pónairí,
tá siad an an-mhaith.
Tá siad donn agus tá sí an-bheag.

Is maith liom Mionloch.
Tá teachín beag tuí ann,
Tá sé beag agus tá sé an-bhán.

B'fhéidir go mbeidh pónairí.
sa teachín beag tuí.
Tá mé ag iarraidh pónairí a bheith
sa teachín beag tuí.

Ó nó! Phléasc na pónairí?
Céard a dhéanfaidh mé?
Tá rud amháin faoi na pónairí nach maith liom,
mar caithfidh mé glanadh suas!

Lisa Ní M.

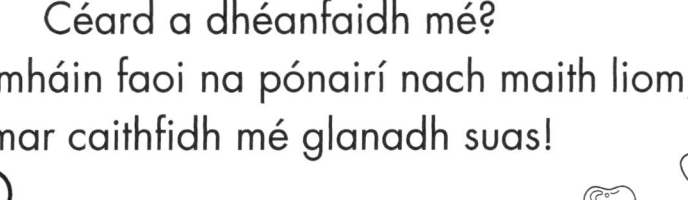

FREYA AN LUCH

Bhí Freya an luch an-fhliuch!
Mar go raibh sé ag cur báistí.
Ach chonaic sí an puball beag
agus bhí sé an-sásta.
Rith sí isteach an-scioptha
agus chuaigh sí a chodladh.

Lillian agus Lisa

CEIST?

Bhí múinteoir sa chlós. Bhí mé ag iarraidh caint léi ach bhí sí an-ghnóthach.
Chuaigh mé ag Daidí ach bhí sé ag obair.
Bhí mé ag iarraidh caint leis an luch ach bhí sé ag scréachach.
Ansin, chuaigh mé go dtí an fear mór ach ní raibh sé ansin.
Tá mé ag dul go teach mo mhamó agus mo dhaideo.
Chuir mé ceist ar mhamó, 'cén sort aimsir a bheidh ann amárach?'
'Beidh sé grianmhar amárach', arsa Mamó.

Calvin

CITÍ

Is í Cití mo phuisín,
mo phuisín beag bán
agus tá sí ag teacht le barróg mór lán.
Tá Cití an-sásta a bheith liom,
tá sí gleoite agus níl sí trom.

Tá gúna ag Cití, gúna ildaite.
Tá Cití an-sásta a bheith liom.
Tá mé sásta ó seo go dtí an ghealach
Cití a bheith liom.

Fia

BIA

Is maith liom Burgar,
is maith liom thú.
Is maith liom sceallóga,
is maith liom sú.

Ní maith liom cáca,
ní maith liom é.
Ní maith liom lucha,
ní maith liom tine agus tintreacha!

Niamh agus Abi

ÚMPAÍ LÚMPAÍ

Bhí Úmpaí Lumpaí san UFO,
bhí soilse mór glasa ann.
Tá gach rud againn anois,
tá muid glas agus corcra.

Tá na hÚmpaí Lúmpaí ag iarraidh
cáca seacláid a dhéanamh.
Tá an cáca an-mhaith.
Breithlá Fear an Damhán alla atá ann.

George agus Oisín

SACAR

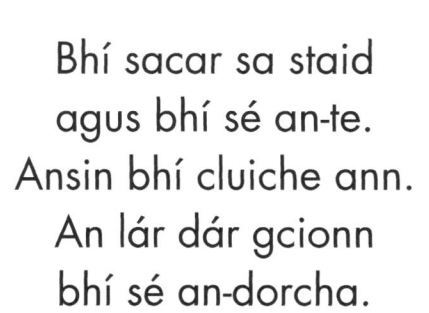

Bhí sacar sa staid
agus bhí sé an-te.
Ansin bhí cluiche ann.
An lár dár gcionn
bhí sé an-dorcha.

Joe

MIONLOCH

I Mionloch tá na teachín go deas.
Nuair a bhuann do rang na réaltaí,
téann tú go dtí an teach beag agus
bíonn sé go deas.
Is maith liom é!

Elsie

IS MAITH LIOM

Is maith liom scoil.
Is maith liom obair baile.
Is maith liom leabhair.
Is maith liom Ronaldo.
Is maith liom Harry Potter.
Is maith liom scannán.
Ní maith liom Messi.

Ellie

SCOIL BHRÍDE

Scoil Bhríde an scoil is fearr.
Tá sé go hiontach.
Tá múinteoirí iontacha ann.
Nuair a chuaigh muid amach bhí am iontach againn.
Nuair a chuaigh mise abhaile, chuaigh mé a chodladh.
Ar maidin, chuaigh mise go Scoil Bhríde arís!

Kirsten

AL NASSR VS INTER MIAMI

Chiceáil Messi an liathróid.
Chuaigh sé sa chúl.
Ní raibh Ronaldo sásta ansin.
Fuair Ronaldo an liathróid.
Fuair sé cúl ansin.
Bhí an cluiche an-mhaith.
Fuair Al Nassr an liathróid
agus fuair siad cúl.
Bhí an cluiche thart.

Bhuaigh Al Nassr.

Zach

INTER MIAMI VS AL NASSR

Bhí Ronaldo in aghaidh Messi.
Bhí Messi ar an liathróid.
Bhí Ospina sa chúl ag ciceáil an liathróid.
Shábháil Ospina an cúl.
Bhí 10 nóiméad fágtha ag leath ama.

Eoghan

IS MAITH LIOM É!

Tá mé ag dul ag iománaíocht.
Bíonn sé deacair ach is maith liom é!
Bíonn iománaíocht ann.
Bíonn spóirt ann.
Bíonn mo chairde go léir ann.

Michael

NEIL AG IMIRT PEILE

Is maith le Neil ag imirt peile.
Lá amháin dúirt Neil,
'Slán Mamaí, tá mé ag dul go dtí peil!
Beidh sé easca!'

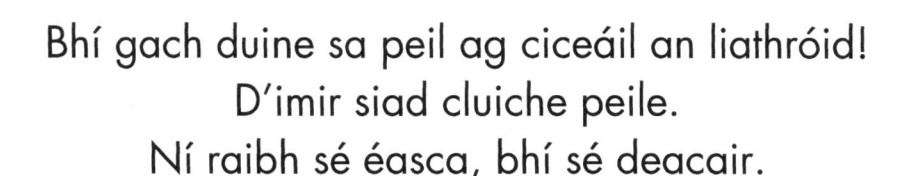

Bhí gach duine sa peil ag ciceáil an liathróid!
D'imir siad cluiche peile.
Ní raibh sé éasca, bhí sé deacair.

Bhí sé deacair ag marcáil,
ag ciceáil an liathróid,
agus bhí sé AN-DEACAIR ag scóráil cúl.

'Níl mé in ann peil a imirt', arsa Neil.
Ansin chiceáil duine liathróid go Neil.
Rith Neil go tapa agus fuair sí cúl!
Is maith le Neil a bheith ag imirt peil!

Nicole

MILSEÁIN

Is breá liom milseáin.
D'ith mé gach ceann.
Lá amháin i bpuball bán,
chuala mé tine ag dul ann.
Thóg mé na milseáin agus rith mé le mo cháca.
Tá fearg orm nuair atá úll ann.
Tá brón orm nuair atá banana ann.
Tá na milseáin faoi ghlas.
Tá áthas orm, Slán!

Aisling agus Emma

CEIST

Bhí múinteoir sa chlós.
Bhí mé ag iarraidh caint léi
ach bhí sí an-ghnóthach.
Chuaigh mé ar siúlóid agus
bhí feirmeoir ag an ngeata.
Chuir mé ceist air,
'Cad é an aimsir inniu?'
Dúirt an feirmeoir,
'tá sé scamallach'.
Sin í freagra mo cheist.

Killian

TOM AN TÍOGAR

Is mise Tom an tíogar.
Tá mé an-mhór.
Tá mé oráiste agus dubh.

Is mise Tom an tíogar.
Is cat me.
Tá súile móra glasa agam.
Is maith liom mo chairde.
Bíonn siad i gcónaí ag spraoi liom.

Is mise Tom an tíogar.
Is breá liom a bheith ag rith.
Sin gach rud a dhéanann Tom an tíogar!

Eddie

IOMÁNAÍOCHT

Bhí mé ag spraoi iománaíocht.
Bhí sé go maith.
Bhí sé an-fhuar.
Bhí mo chara ag imirt freisin.
Bhuaigh muid an cluiche agus
bhí muid sásta!

Nigel

IS MAITH LIOM

Is maith liom Róisín.
agus an rud ar an bpuisín.
Is maith liom cearc
agus is maith liom beart.
Is maith liom an beart
nuair atá an beart ceart.

Is maith liom tosta.
Is maith liom vóta.
Is maith liom é
nuair a bhíonn an tosta sásta.

Layla

SN NAOMH BREANDÁN
19
62
EANACH DHÚIN
EANACH DHÚIN
EANACH DHÚIN

FS22

FS22, Is maith liom é.
Nuair atá mé ar an Xbox, téim ar FS22.
Bíonn sé go deas nuair atá teas.
Nuair atá mé críochnaithe le mo obair bhaile, imrím air.

Ní bhíonn cead dul ar Xbox muna mbíonn tú go deas.
Siúlaim abhaile agus déanann mé mo obair bhaile.
Ansin, téann mé ar an Xbox agus imríonn mé FS22 agus
Má bhíonn tú go deas, bíonn cead dul ar an Xbox.

Darragh Ó Dúgáin

CAT

Is mise an cat.
Is maith liom ag ól,
Is maith liom spraoi,

Is maith liom suí ar stól.

Is mise an cat.
Ní maith liom madra,
Ní maith liom snámh,
Ach is maith liom ithe!

Kristofor Mikulic

AN FÓMHAR

Is breá liom an Fómhar,
Tá a lán dathanna ann.
Is breá liom í
Donn, dearg, oráiste agus buí.
Tá na dathanna go hálainn.
Tá na duilleoga ag titim ó na crainn
Agus ansin beidh na crainn lom agus mór.
Beidh sé an-fhuar,

An maith leat an Fómhar?

Amelie Ní Chadhain

MO CHAT

Tá cat agam sa teach agus
nuair a atá sé te siúlann sé amach.
Ach nuair atá sé fuar agus
téann muid amach, léim mo chat isteach.

Nuair a théann muid ag siúl amuigh sa pháirc,
Feiceann mo chat loch mór sa pháirc agus
léim sé isteach sa loch.
Ansin téann muid ar ais chuig an teach.

Gabriela Mikulic

MADRA

Madra, Madra,
Is breá liom iad.
Beag agus mór,

Rabhar agus álainn.
Siúlóid, Siúlóid, Siúlóid
Le mo mhadra

Ruff, Ruff, Ruff.

James Ó Maolmhuaidh

TEACH

Teach mór,
Teach beag,
Teach buí,
Teach dubh.

Tá teach ar dheis,
Tá teach ar chlé.
Teach te,
Teach fuar,
Teach an an-mhór!

Aoife Ní Mhaoilmhichil

AN CHÁISC

Is maith liom an Cháisc.
Tá sé go maith.

Faigheann tú ubhcásca
Bíonn said blásta.

Is maith liom an Coinín Cásca,
Tá sé an-mhaith.

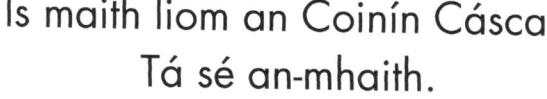

Diarmuid Ó Macháin

AN NOLLAIG

Tá an Nollaig go deas.
Is maith liom an Nollaig mar tá sé go maith.

Éirím ar maidin agus bíonn mé ar bís.
Bíonn bronntanais faoin gcrann.

Is maith liom na bronntanais
Agus is maith liom mo chrann.

Ben Ó hOisín

MADRA

Tá dhá mhadra agam; Pedro agus Pango.

Tá Pedro an-bheag.
Tá Pango an-mhór.

Tá dath bán ar Pedro.
Tá dath dubh ar Pango.

Bíonn Pedro sa teach.
Bíonn Pango sa ghairdín.

Tá teidí ag Pedro.
Tá cnámh ag Pango.

Is maith le Pedro na cait.
Ní maith le Pango na cait.
Ach ní maith le na cait na madraí !

Della Ní Mhaoláin

NUA-EABHRAC

Tá mé ag dul go dtí Meiriceá
(NUA-EABHRAC)

I seachtain agus cheithre lá.

Tá mé ag dul le mo chara, a
clann agus mo chlann freisin.

Tá a lán sceitimíní orm.

Clara Jane Ní Fhathaigh

NA CAPAILL

Lá fada sa Samhradh,
An ghrian árd sa spéir
Spraoi agus spóirt
Tá gáire san aer.

Éist leis an trotáil
Tá said ag teacht
Suas an trá
Mar Fianna gan smacht.

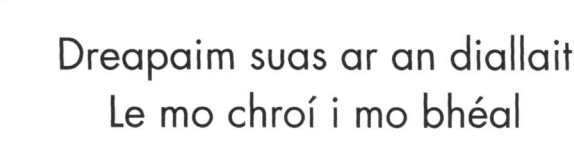

Dreapaim suas ar an diallait
Le mo chroí i mo bhéal

Ag rith ar an ngaineamh
Cosúil le eitilt sa spéir.

Luiseach Ní Fhlaithearta

DINO

Dino is ainm do mo mhadra
Ina leaba ina luí
Na dathanna ar mo mhadra ná dubh agus bán
Oh go hálainn, nach bhfuil sé!

Liam Ó Lochlainn

MO MHADRA

Mo Mhadra,
Tá sé greannmhar.
Nuair a bhíonn mé i mo chodladh,
léim sé suas ar mo shrón.

Max is ainm dó.
Tá ochtar cairde aige:
Penny, Branky, Ruirí, Donna,
Coco, Arthee, Broany agus Casper.

Is breá le mo mhadra a bheith ag ithe mo dhinnéar.
Is é mo mhadra an madra is fearr sa domhain.
Is breá liom mo mhadra agus taitníonn mo mhadra liom.

Alannah Ní Tnúthail

AN BAILE MÓR

An Baile Mór,
Lán le carr.
Téim ag siopadóireacht,
Ceannaím go leor.

An Baile Mór,
Is maith liom í.
Téim ag siopadóireacht
Le mo Mhamaí.
Tá go leor siopaí
Sa bhaile mór.
Seo ceann amháin-
An Siopa Carr.

Ná bí ag siúl,
Téigh ar an mbus,
Má bhíonn tú tuirseach,
Tóg beagán sos.

Siopa eile ná bialann
Bia agus daoine
Tá sé lán.

Tá gach rud
San ollmhargadh.
Féach anois-
Tá sladmhargadh!

Sa leabharlann
Tá sé ciúin.
Téigh ar an Aoine
Is téigh ar an Luain.

Busanna, siopaí
Agus carr.
Bialann, leabharlann,
An Baile Mór!

Rian Mac Diarmada

Gaelscoil Mhic Amhlaigh

Gaillimh

AN NOLLAIG

Clocha sneachta ag titim ón aer!
Sneachta bog bán ar an talamh go léir
Páistí ag súgradh amach is amach
Ag cleachtadh mo fhear sneachta gach lá

An sioc ar na carranna go léir
Is madraí ina mbrógaí beaga bána
Suas an cnoc agus síos an cnoc
Anocht beidh Daidí na Nollag ag teacht!

Conor Ó Síoda

SA PHRÍOSÚN

'CLANK' a téann doras na cillín sa
phríosún
Ach na habair do aon duine mar tá mé
ag coinneáil é mar rún
Go bhfuil mé ag briseadh an leon amach
as an zú.

Beidh an Tíogar, an Moncaí, an nathair
agus an leon
Ar fad ag teacht liom i gcomhair píosa
beag lón
I mo charr beag fuar
Beidh muid ag imeacht go tapa

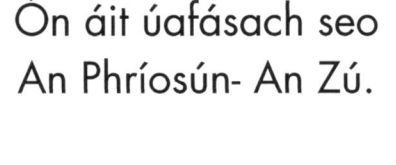

Ón áit úafásach seo
An Phríosún- An Zú.

Grace Ní Shúilleabháin

AN NOLLAIG

Is breá liom an Nollaig
An ghealach suas san aer
Ta Daidí na Nollag ag teacht anuas anuas an Simléar!

Tá stocaí ar an mballa
Na brontanais go léir
Ta Daidí na Nollag ag teacht anuas anuas an simléar!

An fhéasta mór san oíche
An bainne agus na brioscaí
Tá mé ag iarraidh Daidí na Nollag a fheiceáil
Ach b'fhéidir go mbeadh sé ró-ríoscaí

Abbie Nic Dhónaill

IS MAITH LIOM PÍOTSA

Is maith liom píotsa
Tá sé an deas
Tá tú abáta a lán rudaí a chur air
Tá sé an deas
Píotsa píotsa píotsa
Cáis, trátaí is arán
Píotsa píotsa píotsa

Cillian Goddard

AN FÓMHAR

San Fómhar bíonn sé fuar
Ach ní gach uair
Tá na duilleoga buí, dearg is óráiste
Is tá gach duine sásta

Tá mé ag fanacht i gcomhair Oíche Shamhna
Milseán, puimcíní is púca bán
Bob le haghaidh milseán, cnónna is úlla
Tá muid ag súil le go mór le
Oíche Shamhna

Eilidh Goddard

AN NOLLAIG

Tá an Nollaig in san aer
Is páistí beaga ag spraoi
Cóinlín reo is ceo san aer
Lámhainní dubha beaga ar na páistí go léir
Bróga beaga dearga
Is cótaí beaga buí

Alana Ní Dhálaigh

AN NOLLAIG

Tarlaíonn an Nollaig i rith an Geimhreadh
Bíonn Daidí na Nollag ag teacht san oíche
Feiceann tú do chlann is do chairde
Agus itheann tú cáca

Déanann tú fear sneachta
Is itheann muid milseáin deasa
Bíonn muid réidh
I gcomhair Lá Nollag

Sadhbh Ní Mhaicín

CLÁR BÁN

Níl aon rud ar an glár bán,
mar ghlán an múinteoir é.
Ach an t-am seo inné bhí rud éigint air.
Gach lá ar an gclar bán bíonn Mata nua, litriú
deacair agus nuacht an lae.
Na pointí ranga thuas sa chúinne ar an gclár bán.

Evan de Hál

BIA

An maith leat bia?
Ó go bhfóire Dia
Grán rósta
I gcomhair an bhricfeásta?
Ó is maith liom é.
Píotsa i gcomhair tae?
Ó is maith liom é.
An maith leat bia?
Ó go bhfóire Dia,
Béar i gcomhair an dinnéar?
Ó ní maith liom é.

Leigh Ó Conghaile

PÍOTSA

Is breá liom píotsa, an bia is fearr
Is breá liom píosta mar tá sé thar barr
Nuair a chuireann tú é sa teas
Tagann sé amach an deas
Is féidir plaic a bhaint as
Is féidir aon rud a chur air.
Agus é a ithe thíos faoin spéir.

Elliot Ó Faogáin

DAIDÍ NA NOLLAG

Tá Daidí na Nollag ag teacht!
Na coinlín reo ar an bhfuinneog
D'fhéach mé amach ann
agus tá ceo le feiceáil i bhfad uainn.

Tá na maisiúcháin Nollag ar an gcrann
agus anois tá Daidí na Nollag ann!

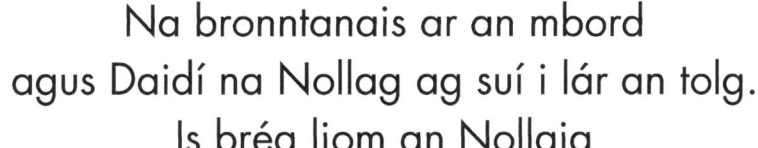

Na bronntanais ar an mbord
agus Daidí na Nollag ag suí i lár an tolg.
Is bréa liom an Nollaig
agus gach rud ann.

Erin Ní Cheallaigh

ANANN AR PHÍOTSA

Ná cuir anann ar phíotsa
Tá piobarónaí níos fearr
Má tá anann ar do phíosta
Caith amach fuinneog an charr é

Tá píotsa go deas
Le piobaraónaí is cáis
Níl fios agam cén fáth
Ach is maith liom an blás

Anann ar phíotsa
Cén fáth? Cén fáth?
Le do thoil, ná déan é!
Ní bhlásann sé go maith!

Isaac Ó Cualáin

AN FÓMHAR

An fómhar
iora rua amach ag spraoi
ag dul ar ais ar scoil
tá an t-am ag athrú.

Ag crochadh suas ornáidí
ag ithe pringles, seacláid agus
ag dul ag bob nó bia ar Oíche Shamhna
tá na duilleoga ag athrú buí, dearg is oráiste.

Isabelle Ní Mhaolalaidh

OÍCHE SHAMHNA

Tá Oíche Shamhna ag teacht go luath
Cailleach dubh le gruaig rua
Taibhse bán istigh sa chrann
Tinte ealaíne ag lasadh sa spéir
Duilleoga buí is dearg ag luascadh san aer.

Jack Mac Diarmuda

PEIL

Bím ag imirt sa pháirc
Is ag imirt sa ghairdín
Traenáil gach Déardaoin 'is Satharn
Ar an gclós le mo chairde
Sin spórt is spraoi gach lá.

James Ó Conchubhair

AN GEIMHREADH

Calóga sneachta ag titim ón aer
athás is greann ar na páistí go léir.
Ag caitheamh liathróidí sneachta beaga bán
Anois tá fhios agat An Geimhreadh atá ann!

Bíonn muid ag caitheamh éadaí deas teo
Ní féidir liom feiceáil leis an gceo.
Sneachta sneachta is maith liom íls maith liom
An Geimhreadh agus a bheith ag spraoi.

Jessica Spáinne

AN FEAR SNEACHTA

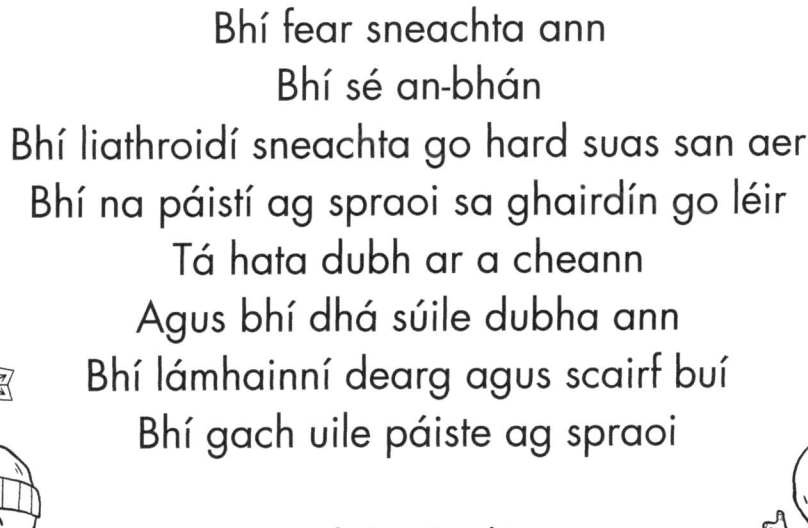

Bhí fear sneachta ann
Bhí sé an-bhán
Bhí liathroidí sneachta go hard suas san aer
Bhí na páistí ag spraoi sa ghairdín go léir
Tá hata dubh ar a cheann
Agus bhí dhá súile dubha ann
Bhí lámhainní dearg agus scairf buí
Bhí gach uile páiste ag spraoi

Leah Ní Rodáin

NA MÍONNA

Tá go leor Míonna ann.
Tá Eanáir, Feabhra, Márta,
Aibreánn, Bealtaine, Meitheamh,
Iúil, Lúnasa, Méan Fómhair,
Deireadh Fómhair, mí na Samhna agus mí na Nollag.

Tá Oíche Shamhna i Mí Dheireadh Fómhair
agus tagann an Nollaig i Mí na Nollag

Tá Lá Fhéile Bríde i Mí Feabhra
agus athraíonn an Cháisc ó bhliain go bliain
agus bíonn Lá Fhéile Pádraig i Mí Márta

Luke Ó hÓráin

AN NOLLAIG

Is breá liom an Nollaig
Béar bán agus lao róin
Is breá liom an Nollaig
Sneachta i ngach áit
Cótaí, lámhainní is stocaí
Áthas ar gach éinne
Gach duine ag an mbord don dinnéar
Is breá liom an Nollaig
Sneachta bog bán
Is breá liom an Nollaig
Sneachta i ngach áit

Alannah Ní Ghallchóir

AN NOLLAIG

Is aoibhinn liom an Nollaig
Gan dabht an t-am is fearr
Le na bronntanais agus bia
An bhlasta agus thar barr

Is aoibhinn liom an Nollaig
Gan dabht an t-am is fear
Le sneachta agus calóga i ngach áit
ó bhun go barr

Aodhla Ní Dheá

AN SAMHRADH

Is breá liom an samhradh
An séasúr is fearr
Is breá liom an samhradh
Mar tá sé thar barr
Na páistí ag spraoi
Amuigh faoin aer
An ghrian ag taitneamh
Go hard suas sa spéir

Mollaí Ní Leocháin

AN FÓMHAR

Duilleoga oráiste
Duilleoga buí
Dathanna breá iontacha
Amach as an tí

Lá breá iontach
Atá ann inniu
Bláthanna deasa maithe a
D'fhás inniu

Inniu Oíche Shamhna
Bob nó bia lán le milseáin
Slán leis an bhfómhar
Slán leis an mbuí
Inniu lá deas istigh sa tí.

Muireann Ní hAodha

AN NOLLAIG

Tá sneachta sa spéir.
Tá sé fuar go leor
Tá Daidí na Nollag ag teacht

Anuas an simléar
Tá na páistí ag ól seacláid the
Le sioc ar na crainn go léir

Orlaith Miserra

ÉALÚ!

Éalú, Éalú,
As an bpríosún,
Beidh muid saor
Ar an Luain

Tá plean againn,
Beidh muid saor go deo!

Éalú, Éalú,
Amach as an bpríosún seo
Nuair a dheireann said GO!

Éalú, Éalú,
Ag briseadh amach as an áit seo,
Ní bheidh muid ag fanacht
Níos mó!

Mise, an nathair agus an leon
Agus an t-ainm ar an bpríosún seo
Ná, an zú!

Pádraig Ó Rinn

AN GEIMHREADH

Tá sioc ar an talamh
Tá páistí ag spraoi
Ag ól cupán tae
Ach thit páiste ina luí

Tá na páistí eile ag féachaint air
Lena mbuataisí buí
Ansin chaill siad a lámhainní
Sa sneachta :)

Rory Ó Cadhain

AN GEIMHREADH

Tá sneachta ar an talamh
Tá réaltaí in san spéir.
Is breá liom dul amach
Ag spraoi le mo chairde
Cuireann mé mo hata is mo lámhainní orm.
Coinlíní reo ar mo theach.
Is sneachta i ngach áit.

Ruby Ní Argáin

AN FÓMHAR

Tá sé dorcha san fhómhar
Ach inniu tá sé ceomhar
Phioc mé smeara dubha inné
Inniu beidh siad agam don tae

Bíonn grainneoga ar an talamh
Is duilleoga ar na crainn
Leis na iora rua go léir
Amuigh faoin aer

Sadie Ní Chatháin

NOLLAIG IS SPRAOI

Nollaig Nollaig is maith liom í
Brontannais is spórt is spraoi
Ag dúiseadh suas
Is ag oscailt na stocaí
Nollaig Nollaig is maith liom í
Brontannais is spórt is spraoi
Ag bailiú bia
Agus milséain
Nollaig Nollaig is maith liom í
Brontannais is spórt is spraoi
Ag suí taobh thiar
Den chrann Nollag
Nollaig Nollaig is maith liom í
Brontannais is spórt is spraoi

Sarah Ní Riain

OÍCHE SHAMHNA

Oíche Shamhna a bhí ann
Bhí gach duine ina gcodladh
Bhí na duilleoga ag eitilt gus
Bhí an ghaoth ag séideadh
Bhí gach duine réidh i gcomhair
Oíche Shamhna
Púca bán, sciathán leathair
Damhán alla agus vaimpír.

Senan Mac Neill

AN CHOILL

Chuaigh mé ar siúlóid in san choill
Agus chonaic mé na crainn ach bhí siad lom
D'fhéach mé ar an talamh agus bhí gach
duilleog ann
Bhí siad ildaite
's bhí mo mhadra ag tafann
Ar na duilleoga ag bogadh sa ghaoth.

Sam Mac an Ridire

AN TRÁ

An fuaim ard,
An tuisce gorm 's tonnta móra.
Blas an salann ón fharraige.
'An gcoiseann tú na faoileáin
Ag eitilt go hard sa spéir?'
An gaineamh faoi mo chosa,
's tusa in aice liom,
Ag luí faoin ghrian
Ag an trá.

Aoife Ní Chonfhaola

AG SPRAOI AMUIGH

Nuair atá mé amuigh ag spraoi
Is breá liom é.
Bím amuigh gach uile lá.
Is breá liom éisteacht leis an ngaoth,
Agus mo chairde ag screadaíl.
Ach ní maith liom an báisteach
Mar ansin ní bhím in ann dul amach.

Lauryn Ní Mhaolalaidh

CEOL

Ceol brónach,
Ceol sona,
Ceol ciúin 's ceol ard.
An fheadóg,
An fhidil,
An bainseó nó cóir,
Ceol tradisiúnta, maith go leor.
An rud a chloiseann tú,
Cé sórt ceol é?
An suíeann tú síos ag éisteacht le tae,
Is cuireann tú an ceist
'Cén sórt ceol é?'

Millie Ní Ghaoithín

AN NOLLAIG

Ag cuir suas na maisiúcháin leis an clann,
Ag cuir réalt ar barr an crann.
Don lá speisialta tá muid ag réiteach
Ag dul le chéile go dtí an Aonach.
Seacláid te le leamhacháin
Ag suí in aice leis an tinteán.
Tá mé chomh sceitimíneach, ní féidir liom codladh
Ag déanamh smaoineamh ar Daidí na Nollag.
Ag oscailt na mbronntanais le cluichí deasa,
Ag imirt cleasa.
Is breá liom an Nollaig, i mo shuí ar an tolg!

Juliette Ní Chróinín

MATA

Ní maith liom MATA
Tá sé deacair
Táblaí roinnt ar a deich
Éasca go maith
Obair baile Dé Luain
Tá roinnt ar a hocht
Ní maith liom MATA
Ach tá MATA againn anocht!

Marceline Wolohan

AN CRANN

Nuair a mbíonn sé fliuch 's fuar
Ní bhíonn an crann ró shásta.
Ach nuair a thagann an aimsir deas arais
Bíonn an crann chomh daite!

Alex Ó Ficheallaigh

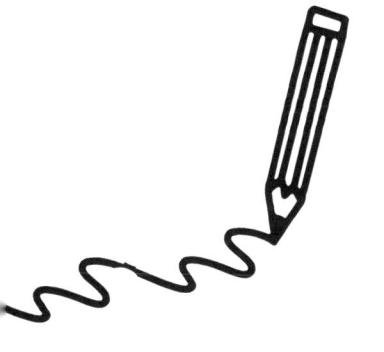

EALAÍN

Is breá liom ealaín
Le cré agus péint,
Páipéir nó crián.
Fuair mé set ealaíne
Ó Daidí na Nollag.
Bhí sé mór mílteach
Le chuile rud ann,
Scuab agus peann.
Déanaim ealaín sa chistin ag spraoi
Le mo dhreatháireacha.
Crochaim suas mo ealaín go léir
Bíonn gach duine in ann breathnú air.

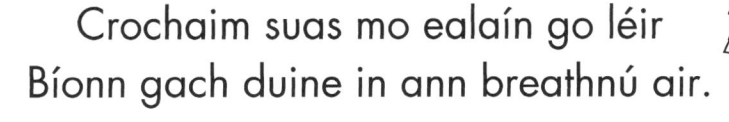

Ribeacá Ní Ghiobúin

DUILLEOGA

Duilleoga deasa deasa,
is maith liom an ghaoth.
Oráiste dearg buí
Donn agus glas ar na crainn.
Ag titim ó na crainn.
Duilleoga deasa deasa
Is maith liom na crainn,
Na bláthanna 's na duilleoga
Tá siad chomh dathúil
Tá siad ag titim anois
Ach beidh siad arais i gceann bliain.

Elena Ní Charragáin

SEÁN

Seo é Seán
Is maith leis milseáin,
An dath is fearr leis ná bán.
Is maith leis arán
Ach amháin ar an Mháirt
Tá geansaí buí aige
Is maith leis a bheith ina luí air.

Gavin O Conaill

OLLPHÉIST NA MAIDINE

Nuair a éirím suas ar maidin,
Bíonn faitíos ollmhór orm.
Faitíos go mbeidh rud
Sa chistin ag fanacht orm.
Rud gránna, rud scanrúil,
Rud nach bhfeiceann tú san oíche,
Tá ach rud amháin
Atá in ann
An ollphéist seo a mharú
Tá a fhios agam
An rud sin ná
Cupán …te…CAIFÉ!

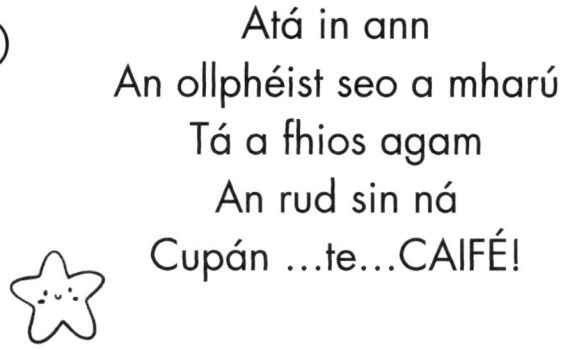

Art O Bróithe

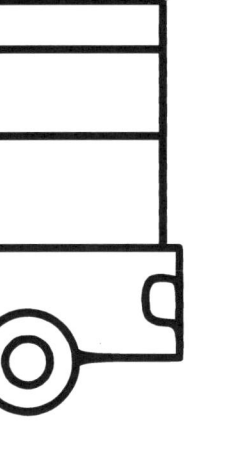

AN CARR NUA

I gceann cúpla lá,
beidh mé ag fáil,
carr nua!
Is carr bán é
Is carr mór é
Tá mé ag súil leis an carr a bhailiú
Le mo Mhamaí!

Aubree Ní Mhóráin
agus
Nic an Bháird

MO CHAIRDE

Tá mo chairde an a dheas
Alex Seán Ó Cathasaigh, Cúán agus Sam
Féilim, Fionán agus James
Céard faoi Evan agus Charley, Art agus Éanna
Cearra agus Jack,
Gavin Mathis Shanó agus Nick
Maitiú Ruben Conor
Aidan agus Luke
Iollan agus Oisín, Aaron agus Jack
Slán go fóill, sin an rap!

Evan Mac Aodhbhuí

AN NINTENDO

Eirím go luath gach Satharn ag a naoi,
Ag dul síos an staighre ag féachaint gach aon treo.
Mo mham ina codladh
Mo dhaid le mo dheirfiúr agus deartháir ag sacar.
Tá a fhois agam, tá mé in ann!
Is breá liom a bheith ag imirt fifa!

Éanna O Curraoin

AN NOLLAIG

Tagann an Nollaig uair amháin sa bhliain.
Crann, bronntanais
Is breá liom an Nollaig, le Daidí na Nollag
ag teacht
Isteach i mo theach le bronntanais.
Amach ar an trá páistí le rothar agus scútar
Tá bronntanais ag gach duine,
Tá gach duine ag spraoi le carr cianrialú
agus drón
Ag spraoi san uisce le liathróid
Tá gach duine sa teach ag ithe go leor
milseáin.

Charley Ó hÉilidhe

AN BÁISTEACH

Chonaic mé scamall a bhí liath
Nuair a bhí mo mhadra ag ithe bia
Dúirt me le mo mham ach dúirt sí
'Ní bheidh aon báisteach ann.'
Chuaigh sí amach ag siúl
Nuair a thosaigh an báisteach ag bualadh.
Tháinig sí arais isteach
Agus dúirt sí
'Ní bheidh muid ag dul amach!'

Aoife De Barra

AN CRANN

Tá go leor duilleoga ann
Dearg, glas agus buí
Sin na dathanna is fearr
Nuair a théim amach ag spraoí
Tá na duilleoga ar an talamh
Is breá liom an fómhar
Na crainn ard anseo.

James Wheatley

LÁ AR AN TRÁ

An tuisce go deas séimh
An Ghaoth ag bogadh anonn 's anall

Ag rith timpeall sa ghaineamh
Na tonnta ag bualadh in aghaidh na clocha
Na daoine ag léim ó na carraigeacha
An fuaim nuair a bhualann siad an tuisce
Is breá liom an trá,
Sin mo lá ar an trá.

Cúán MacGearailt

MINECRAFT

Tá tú in ann Minecraft a imirt ar
beagnach aon rud,
Xbox, Nintendo, do fón nó do ríomhaire.
Tá dhá mhodh, cruthaitheach nó
marthanas.
Tá go leor YouTubers ar Minecraft,
Daoine ar nós Luke the Notable,
Preston Playz Badboyhalo agus Dream,
Agus sin ach barr an cnoc oighear.
Tá go leor cluiche ar Minecraft ar nós
Secret Bed Base, The One Block
Skyblock agus Hacker Skyblock.
Ag scriosadh 's ag cruthú
Ag taisteal go dtí áit eile sa domhan
Ag fiach 's ag marú
Do charachtar ag athrú.

Evan Mag Fhloinn

GRUAIG FADA FADA

Ar lá álainn fuar
Rinne mé Meaisín.
Is meaisín iontach é
Bhí mo Dhaid maol

Ach anois níl
Gruaig fhada, fada buí
Chuir muid an meaisín
Ar ceann mo mhamaí
Thug sé croiméal di
Sona sásta ag gáire!

Maia Ní Chathmhaoil

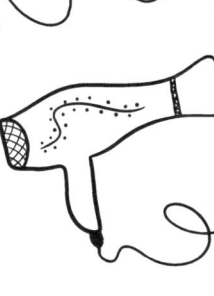

SACAR

Feicim daoine
Cúl agus liathróid
Cloisim daoine ag rá
'pas pas tabhair pas dom!' agus

'tóg shot!'
Mothaím sásta
Agus tá mé ag rith go tapa
Agus tá mé ag análú gan stopadh
Agus tá mé sa chúl
Ag tríáil sábháil
Gach shot a thógann siad dom
Agus mothaím an aer fuar
Thar timpeall orm.

Seán O Cearra

SACAR

Tá go leor imreoir difriúla sa
sraith 's sa chorn.
Messi Neymar agus Ronaldo na
himreoir is fearr.
Bíonn foirne difriúla le scileanna
difriúla ann.
Is breá liom Ronaldo mar scórann
sé a lán.

Seán Ó Cathasaigh

AN NOLLAIG

Tagann sé uair amháin sa bhlian
Tá sé fuar. Tá sé ag cur sneachta.
Ó cá bhfuil an ghrian?
Ag cur sneachta arís!
Ag cur sneachta arís!
Ó cá bhfuil, ó cá bhfuil an ghrian!
Is maith le páistí an cáca
Ach is maith le daoine fásta an fíon.

Féilim Mac Con Iomaire

AG DAMHSA

Is mise Grace
Is maith liom a bheith ag damhsa
Déanaim damhsa le mo chairde
Tá sé an-spraoiúil
Tá sé beagán scanrúil
Nuair atá tú ar an stáitse
Ach le mo chairde níl sé scanrúil
Mar bíonn muid le chéile.

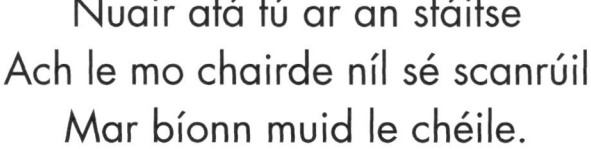

Grace Ní Ghallchóir

AN FHARRAIGE

Is maith liom an fharraige
Na carraigeacha in aice
Leis an fharraige.
Na sliogán ag bogadh leis an taoide
Na portán ag spraoi in san ghaoth
Agus an gaineamh bog buí.

Aoife Casanova

AN GEIMHREADH

Bíonn sé fuar.
Bíonn sé ag cur sneachta.
Cá bhfuil an ghrian?
Crainn nollaig, cnónna, fíon.
An sicín san oighean agus gach duine sásta.
B'fhéidir nach bhfuil aon ghrian
Ach tá fós spraoi againn sa gheimhreadh.

Fionán Breathnach

AG MARCAÍOCHT

Bím ag marcaíocht gach Máirt,
Ag sodar agus ag bogshodar,
Capall deas agus séimh,
Ag marcaíocht go deireadh an lae.

Mia Ní Áinle

AN CAT

Is cat beag mise,
Mo theach beag is mo leaba,
Mimi is ainm dom,
Is maith liom codladh,
Is maith liom ag ithe,
Is maith liom ag rith.

Leah Ní Mhurchú

AN DOMHAN

Tá an domhan an-mhór,
Tá léarscáil i mo theach,
Tá go leor páistí ar domhan,
Agus go leor ainmhithe,
Tá uisce mórthimpeall,
Ach seasann muid ar thalamh.

Aidan Ó Muraile

AN MADRA

Is madra beag mise,
Mo theach sa ghairdín,
Agus tá mé beagáinín buí.

Cian atá orm agus tá ocras orm,
Chuaigh mé a' chodladh ach bhí torann.
Céard a bhí ann?

MO BHOLG!

Óisín Ó Duibhir

AN PUIMCÍN

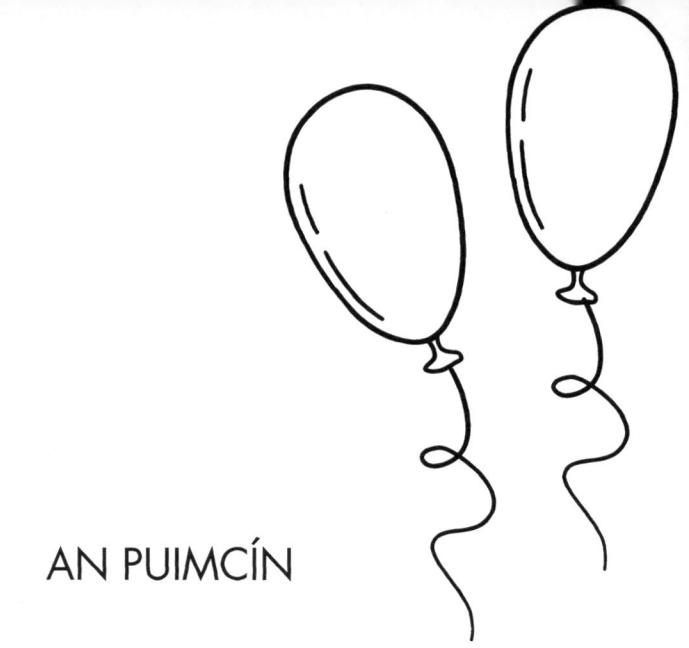

Puimcín beag álainn sa ghairdín,
Uair amháin sa bhliain,
Ialtóg ag eitilt tríd an aer,
Masc atá scanrúil go leor,
Coinnle sa phuimcín beag álainn,
Íle ag obair i ngach teach,
Níl na púcaí fíor.

Caoilinn Ní Dháibhéis

BREITHLÁ

Mo bhreithlá a bheidh ann i cúpla lá,
Beidh dhá choinneal déag ar an gcáca,
Mo bhreithlá a bheidh ann i cúpla lá,
Mo bhreithlá a bheidh ann don lá,
Beidh cóisir i gceann seachtaine,
Sin an chóisir thart don bhliain,
Ach beidh sé níos fearr ná an ceann seo.

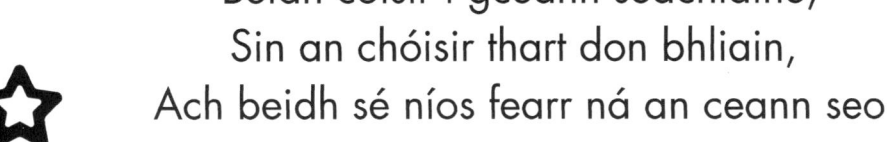

Luke De Búrca

BUIDÉAL UISCE

Buidéal uisce atá ann,
Sa siopa deas agus fuar,
Nuair atá sé ró-the,
Tá sé deas go leor,
Sin é mo bhuidéal uisce.

Iollan Ó Lorgnán

CORN DOMHANDA RUGBAÍ

Bhuaigh Éire gach cluiche,
Ach tháinig Nua Shéalainn,

Bhíodar ar comhscór,
Ach fuair Nua Shéalainn úd,
Agus bhuaigh siad,
Sin mar atá an saol.

Jack De Brún

HARIBOS

Is breá liom Haribos,
I bpaca a bhíonn siad,
Bíonn siad agam don tae,

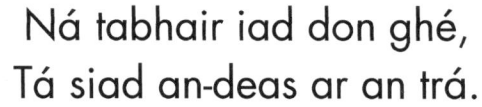

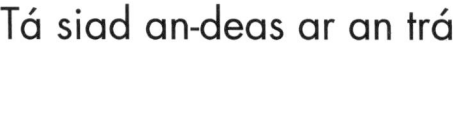

Ná tabhair iad don ghé,
Tá siad an-deas ar an trá.

*Sophia Ní Chnáimhín
agus
Matthew Ó Cathmhaoil*

IS BREÁ LIOM

Is breá liom luascáin,
Is breá liom mo chol ceathar,
Is breá liom marcaíocht,
Is breá liom saorscríobh.
Is breá liom is breá liom.

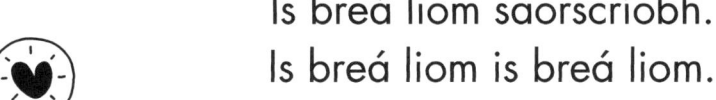

Annabel Ní Dhálaigh

LÚNASA

Bíonn an ghrian go deas sa spéir,
Bíonn an trá go deas faoin aer,
Bíonn gach rud an-deas i Lúnasa.

Shane Anderson

MADRAÍ BEAGA

Is breá liom madraí beaga,
Tá siad chomh gleoite,
Tá mé ag fáil Bichon Frise,
Beidh sé nó sí gleoite,
Is breá liom madraí beaga,
Mar tugann siad póg duit.

Ciara Ní Ghallchóir

MÁLA SCOILE

Tá bosca lóin
I mo mhála scoile,
Tá buidéal uisce
I mo mhála scoile,
Tá go leor leabhair
I mo mhála scoile,
Agus sin é mo mhála scoile.

Rachael Nic Uait

MO MHADRA

Mo mhadra an madra is fearr,
Chuaigh muid go dtí an pháirc,
Chuaigh muid ar shleamhnán.
Is maith le Marley madraí eile,
Go mór mór a chara Bella.
Rith siad timpeall na páirce,
Bhí lá iontach ag Marley sa pháirc.

Hannah Ní Ghiollabháin

MUC BEAG SALACH

Muc salach i mo theach,
Caithfidh sé dul amach,
Ach níl sé ag dul amach!

Tá an muc chomh salach le puiteach,
Tá sé chomh beag téann sé faoin leaba,
Agus tá sé in ann snámh.

Bó is ainm dó,
Is tá sé in ann tafann,
Tá boladh capall uaidh,
Agus is breá leis codladh ina leaba.

Is breá leis bia agus uisce.
Bhuf! Oinc! Míogha!

Ella Goodfellow

OÍCHE SHAMHNA

Bob nó bia s' gléasta suas,
Ag fáil do chuid milseáin,
Le do chairde ag spraoi,
Amuigh san oíche,
Gealach agus malaí lán,
Ag gáire 's ag caint,
Gléasta suas ar scoil,
Is breá linn Oíche Shamhna.

Freya Ní Sheachnasaigh Garty

PÚCA

Púca beag sa teach,
Scanrúil agus glic,
Úsáideann sé masc,
Ní oibríonn sé,
Coinnle a las an púca,
Arú inné,
An lá sin d'ith sé mé!

Maeve Miggels

RUGBAÍ

Is spórt iontach í,
Bíonn mo chairde ag spraoi,
Bím ag féachaint ar,
Tá sé suimiúil agus difriúil,
Bím ag spraoi taobh amuigh,
Ó mhaidin go oíche.

Aaron Ó Laoide

SACAR

Is spórt iontach é sacar,
Is breá liom é,
Imrím le mo chairde,
'S féachann mé ar,
Tá sé éasca le spraoi,
Go dtí go dtéann tú a luí.

Nick Bairéid

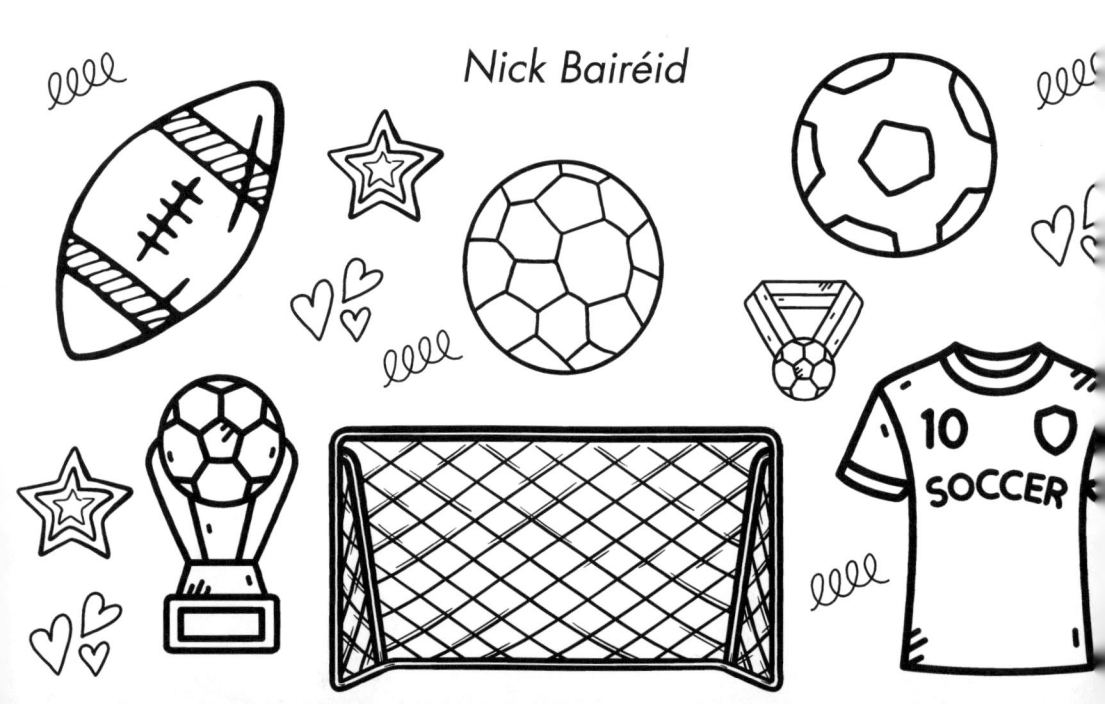

SACAR

D'imir mé sacar gach lá le mo chairde,
Bhí muid sa pháirc ag ciceáil liathróid sa chúl,
Bhuail an liathróid mé sa súil,
Chuir mé leac oighir ar agus bhí sé fuar,
Ach bhí mé ceart go leor.

Reuben Ó Síochán

SALTHILL DEVON

Salthill Devon sin mo chlub,
Ag imirt sacar gach Luan,
Arís ar an Déardaoin,
Le mo chara Rachael,
Ag fáil cúl gach cluiche.

Lainey Nic Chathail

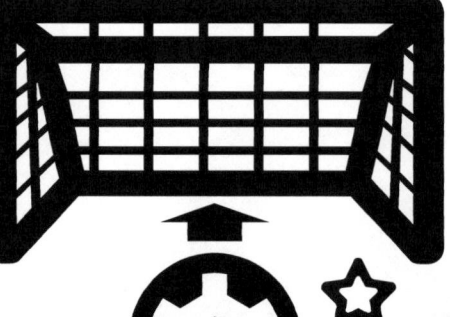

SCANNÁN ANAMÚIL

Scannán anamúil ar an 'TV,
Go deas is go réidh,
Ach ansin deireann do dheartháir ,
Tá sé ag iarraidh an TV.
Scréachann tusa "No, tá sé agamsa!"
Ansin bíonn caoineadh,
Agus mo mhamaí.

Grace Wagge Breathnach

SMUGAIRLE RÓIN

Bíonn siad san uisce,
B'fhéidir ar an trá,
I rith an tsamhraidh,
Ach ní gach lá.

Is maith liom iad,
Ithimse mo lón,
Ar an trá,
Agus feicim smugairle rón.

Alison Ó Loinsigh

SPÓIRT

Spóirt is iománaíocht,
Cispheil agus peil,
Ag spraoi gach lá,
Ag dul chuig traenáil,
Úsáid liathróid don pheil,
Úsáid sliotar san iomáint,
Ach sacar an spóirt is fearr,
Is maith liom cispheil,
Le haghaidh píosa spraoi.

Conor Ó Léadús

SACAR

Is maith liom sacar,
Traenáil Máirt agus Déardaoin,
Is breá liom Messi,
Agus a chos clé,
PSG is an foireann is fearr,
Meastú an bpiocfaidh siad mé?

Maitís Vaux

SCOIL SHÉAMAIS NAOFA

BEARNA

REMY

Is é Remy mo mhadra,
Tá sé cosúil le Dia,
Tá sé an-bheag,
Ach, is maith leis bia!

Tá sé donn agus dubh.
Níl sé liath!
Is maith leis baróg,
Ach ní maith leis maróg,

Is maith leis siúlóid,
Ach is breá leis an liathróid!

Darragh Cohen

AN NOLLAIG

An Nollag, an Nollag tá sé ag teacht,
Santaí agus maróg. Tá an Nollag ag teacht!
Dinnéar na Nollag, bíonn turcaí agus pleascóg!
Cé an duine seo le buataisí agus eadaí dearg.
Sin é Daidí na Nollag, féach ar a bhféasóg!

Tá an Nollag ag teacht. Tá an Nollag anseo.
Tá Daidí na Nollag ag teacht síos an simlear le bronntanis dúinn ar fad go léir!
Tá gach duine sásta agus beo

Fir sinséar gach áit, an Nollag is breá liom é
Tá gach duine ag ól cupán cócó.

Eoghan MacAonghusa

AN SPÁS

Tá an spás an-mhór,
Tá an spás níos mó ná carr,
Tá réaltaí sa spéir,
Agus na planéid go léir,

Tá an ghrian níos mó
Ná cupán cócó,
Tá an Ghealach sách mór,
Níos mó fiú ná plutó.

Othello Harris

AN SPÁS

Tá an spás san aer le na planéid go léir.
Bíonn an ghealach ann,
Gach aon lá amháin.

Tá naoi bplanéid ann,
Le ceann le daoine ann,
Tá an ghrian níos teo
Ná cúpán cócó!

Harry McGranaghan

AN NOLLAIG

An Nollaig,
An Nollaig,
Tá mé ar bís,
Tá Daidí na Nollaig ag teacht arís.

Beidh brontannais,
Agus milseáin…..go leor
Tá an am seo go hálainn,
Tá an chrann Nollaig an-mhór.

Evie Ní Mhéalóid

AN ZÚ

An zú, an zú is maith liom é,
Tá go leor ainmhithe ann,
Tá sioraf, leon agus tíogar,
Tá moncaí sa chrann.

Tá daoine ag obair anseo
Tá freastálaí ar an fón,
An zú, an zú, is maith liom an zú,
Tá na hainmhithe ag iarraidh lón.

Rosa Ní Chéitinn

AN SCOIL

Is maith liom an scoil,
Tá am le mo chairde,
Is maith liom an Múinteoir,
Mar tá sí an-chineálta.

Ní maith liom rud amháin,
Ní maith liom an leabhar Abair Liom,
Tá go leor le scríobh agus…
Tá sé ró-throm.

Cillain Rís

AN NOLLAIG

An Nollaig, an Nollaig,
An Nollaig atá ann.
Tá sé ag cur sneachta,
Níl aon rud ar an gcrann.
Tá Daidí na Nollag ag teacht,
Feicim é sa spéir.
Tá mé ag margadh na Nollaig,
Cloisim rud éigean san aer.

Ali Ní Fhlátharta

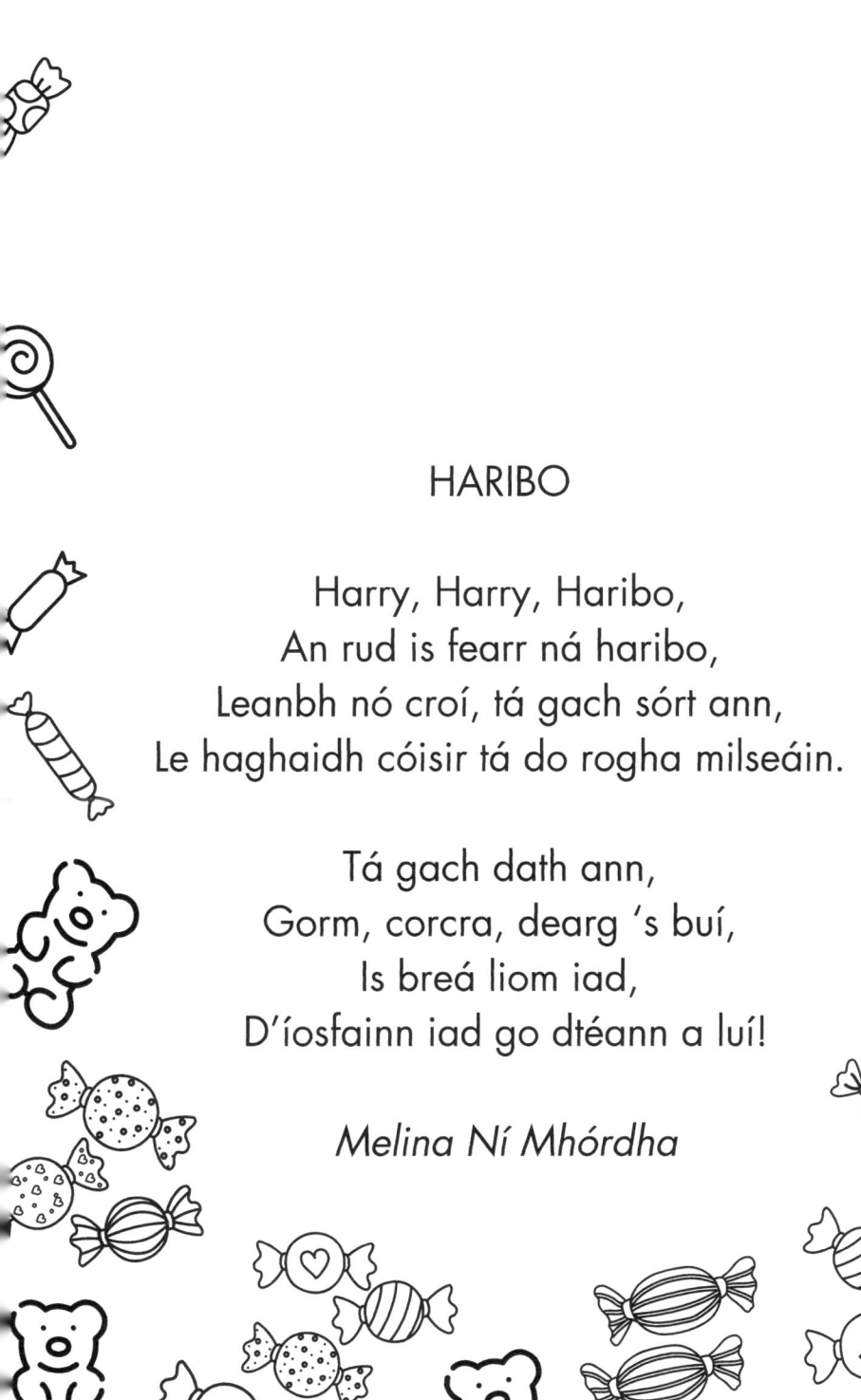

HARIBO

Harry, Harry, Haribo,
An rud is fearr ná haribo,
Leanbh nó croí, tá gach sórt ann,
Le haghaidh cóisir tá do rogha milseáin.

Tá gach dath ann,
Gorm, corcra, dearg 's buí,
Is breá liom iad,
D'íosfainn iad go dtéann a luí!

Melina Ní Mhórdha

OÍCHE SHAMHNA

Oíche Shamhna a bhí ann,
Bhí babhla donn le cnónna ann,
Bíonn gach duine gléasta suas,
Bíonn a lán púca ann.

Bíonn daoine gléasta suas,
Mar chailleach, púca nó vampír
Bíonn daoine ag féachaint thart,
Ar fhaitíos go bhfeicfidh siad mactíre!

Bíonn damhan alla ar an mballa,
Nó creathlach ins an teach,
Bíonn na tithe lán le milseán,
An bhfuil cead agam teacht isteach?

Bíonn an-chraic ag gach duine,
Ach céard faoin chailleach,
Bíonn sí ag eitilt suas,
Nuair a thagann na páistí,
Sciobann sí iad gan cúis!

Aidan MacLochlann

AN NOLLAIG

An Nollaig a bhí ann,
Bíonn rudaí ar an gcrann,
D'fhan mé istigh mar bhí sé ró-fhuar.
Bhí an sneachta bán.

Is breá liom an Nollaig,
Mar tá brontannas ann
Is breá liom an Gheimhreadh,
Ag caitheamh am le mo chlann.

Buach Ó Domhnaill

SCOIL

Is breá liom an scoil,
Is breá liom é.
Tá sé go iontach.
Tá mo obair réidh.

D'ól mé uisce,
D'ith mé mo lón,
Tá sé go hiontach.
Mar níl aon duine ar an bhfón.

Is breá liom mo chairde.
Tá am ar an gclós againn ann,
Is breá liom barra seaclóid,
Bíonn duaiseanna….a lán!

Mark Ó Caoilte

AN NOLLAIG

Tá an t-uisce ina leac oighir,
Tá muid fuar,
Tá gach duine ag ól seacláid te,
Tá an fear sneachta mór.

Tá muid fuar,
Tá muid fuar.
Tá mo liost-sa reidh

Don fear mór!

Faith Watson

SPÁS

Spás, an spás,
Naoi bplainéid agus naoi dtrilliún réaltaí,
Nach iontach an spás,
Ach teastaíonn mo spéaclaí,
Chun iad a fheiceáil san aer,
Na plainéid go léir,
Shuas go hard sa spéir.
Na naoi bplainéid go léir.

Annabel NicLochlann

AN NOLLAG

Is maith liom an Nollag,
Is mí deas é
Brontannas, máróg agus
Rudaí deasa reidh.
Dinnéar deas a bheidh ann, turcaí, glasraí agus a lán milseán.

Laura Ní Thuairisg

AG SPRAOI

Is maith liom bheith ag spraoi,
Ag spraoi ar an mbóthar
Taobh amuigh nó taobh istigh,
San Earrach nó san Fhómhar.

Ag spraoi le Faith,
Nó fiú Grace nó Aliannah,
Agus ag canadh an amhrán
Bananas sna pitseama!

Éabha Ní Choisdealbha

SPRAOI

Spraoi, spraoi,
Is breá le gach duine é
Spraoi, spraoi,
Is breá le gach duine é
Téigh ag spraoi,
An bhfuil tú réidh
Tá sé go maith duit
Ag spraoi inniu 's inné.

Molly Ní Chuinneagáin

LÁ SPÓIRT

Bhí lá spóirt agam inné
Bhí an-spraoi agam ann
Rinne muid go leor rás
Bhí mo bhuidéil uisce lán.

Le mo pháirtnéir ann,
Bhí mo lón agam ann,
Bhí uisce dar ndóigh
Agus go leor milseáin.

Ava Ní Bhuachalla

AN NOLLAIG

Seo'd é an Nollaig!
Tá gach duine reidh
Is breá liom an Nollaig
Is breá liom é.

Tá sé go hiontach
Tá sé an-mhaith
Tá Daidí na Nollaig ag dul ó theach go teach
Is breá liom cáca.

An Nollag atá ann,
Is breá le gach duine é
Tá muid ag dul go dtí
An margadh nollaig i rith an lae!!

Grace Ní Ghabháin

AN GEIMHREADH

Tá an Geimhreadh fuar, níl an Gheimhreadh te,
Cóta,hata,miteoga buí,
Seacláid te ar feadh trí mhí!

Blancéid deas, brioscaí blasta,
Bainne álainn deas le n-ól,
Tine lásta le adhmad 's gual.

Sneachta ar an talamh,
Sneachta ar an gcarr,
Sneachta gach áit, sneachta….go leor

Daidí na nollaig ag teacht go dtí
Na páistí go léir a thagann tríd an bháistí

Sneachta ar an gcrann, níl aon duilleoga fagtha,
Le haghaidh mo bhreith lá ní bíonn uachtar reoite
bíonn cáca!

Aliannah Ní Ghrádaigh

AN GEIMHREADH

Tá go leor rudaí ann,
Sneachta agus laimhaínní,

Iora rua agus talamh bán
Maidin go dtí oíche.

Bán ar na tithe
Ar slé ag spraoí
Níl aon rud maith san fhómhair
Níl fear sneachta nó cnaipí

Is breá liom an Geimhreadh!
Bíonn an lá gearr,
Fanann muid taobh istigh,
Bíonn sneachta ar na carr.

Peter Mac an Tailiúra

CLUICHE SACAR

Bhí cluiche sacar inné,
Bhí gach duine ann.
Bhí an liathróid suas 's síos
Bhí mé ann le mo chlann.

Bhí rudaí milis freisin
Tar éis an cluiche sin,
Ní dhéanfaidh mé dearmad,
Ar an lá iontach sin!

Luca Ó Flátharta

LÓN

Lón, lón, lón,
Is breá liom lón,
Is breá le gach duine lón,
Ag ithe 's ag suígh ar mo thóin.

Ach níl tu in ann é a ithe ach uair amháin gach lá,
Is maith liom a bheith ag caint faoi ar an bhfón
Tá rudaí áirithe go maith dhuit,
Rudaí nach bhfuil ar nós uachtar reoite ar cón.

Bíonn mé ag ithe é ar an mbus
Ag ithe é le tae,
Ithim ceapairí, píotsa agus úll,
Ag ithe go dtí go bhfuil mé reidh.

Conor Mac an Sionnaigh

BLÁTH

Is breá liom bláth
Bláth bláth 's tú mo ghrá
An bholadh go hiontach
Boladh álainn gach lá ,

Breathníonn siad go hálainn
Ní fheictear iad sa Gheimhreadh
Ní fhásann siad san am sin,
Ach feictear iad sa Samhradh.

Seren Ní Fhlaithmhín

SCOIL

An scoil, an scoil
Tá muid ann,
Buaileann an clog le haghaidh am dul abhaile
Súilim le mo chlann.

Phioc mo dhaidi muid suas
Ar scoil bhí muid thar barr
Chuaigh muid go dtí an siopa
Agus dith muid criospaí sa charr

Lucy Ní Ghioblúin

AN SAMHRADH

Níl aon duine ar scoil
Bhí mo chlann ag sugradh
Amuigh sa ghairdin
Agus feicim duilleoga sa dúlra

Nuair atá mé sa gháirdin
Agus an féar an-ghlas
Bhí mé ag súgradh
Nuair a bhí an féar ag fás

Sophie Anna Nic Suibhne

CLUICHE IOMÁNÍOCHT

Tá mé an-sásta inniu
Mar bhuaigh mé cluiche iománaíochta inné
Bhuaigh muid an cluiche
Bhí mé sásta leis an chaoi gur imir mé

Fuair mé go leor cúil agus pointí
Bhí an réiteoir thar barr
Agus tar éis an chluiche fuair mé milseán
Agus d'ith mé iad sa charr

Fionn Ó hAinle

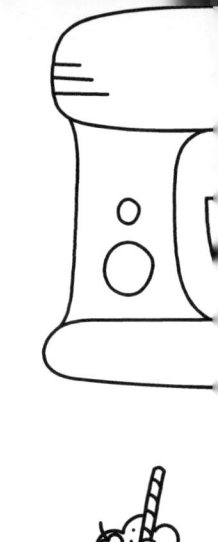

CISTIN

Ag cócaireacht sa chistin,
Le sicín agus turcaí
bigí cuarmach
nó beidh duine éigean gortaithe!

Nuair atá mé sa chistin,
Bíonn duine éigean liom,
Is brea liom bheith ag cócaireacht,
Nuair atá an bháisteach trom.

Liam Cohen

HARIBO

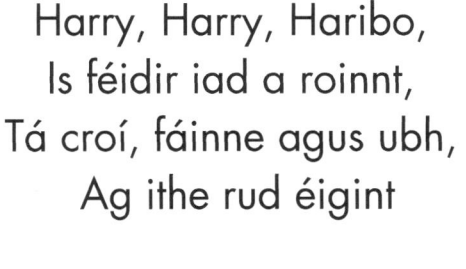

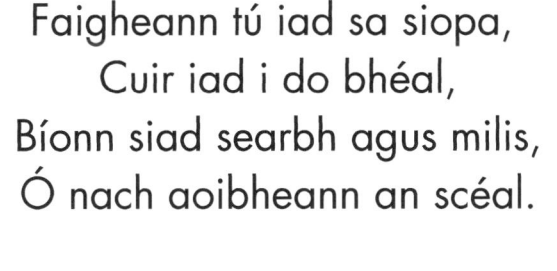

Harry, Harry, Haribo,
Is féidir iad a roinnt,
Tá croí, fáinne agus ubh,
Ag ithe rud éigint

Faigheann tú iad sa siopa,
Cuir iad i do bhéal,
Bíonn siad searbh agus milis,
Ó nach aoibheann an scéal.

Tá go leor dathanna ann,
Idir dearg, buí s' bán.

Harry Ó Dochartach

PEIL

Tá peil an-mhaith
Is féidir é a spraoi,
Tá mise iontach,
Ní théann mé a luí.

Imrím ar an bpáirc,
Imrín cúpla lá,
Faigheann mé cúl,
Agus téann mé ar an trá.

Gavin Ó Muirí

IOMÁNAÍOCHT

Bhí cluiche agam inné,
Bhí an-spraoi ann,
Bhuaigh mé an chluiche
Agus bhí an réiteoir an-sean.

Fuair mé pointe agus cúl sa chéad leath,
D'imir mo fhoireann thar barr,
Ag ar ais sa bhaile,
D'ith mé milseán,
Go leor!

Cillín Ó Brolacháin

IS MAITH LIOM

Is maith liom torthaí
Is maith liom am lón
Is maith liom mo chairde
Is maith liom cluichí ar an bhfón

Denys Diachenko

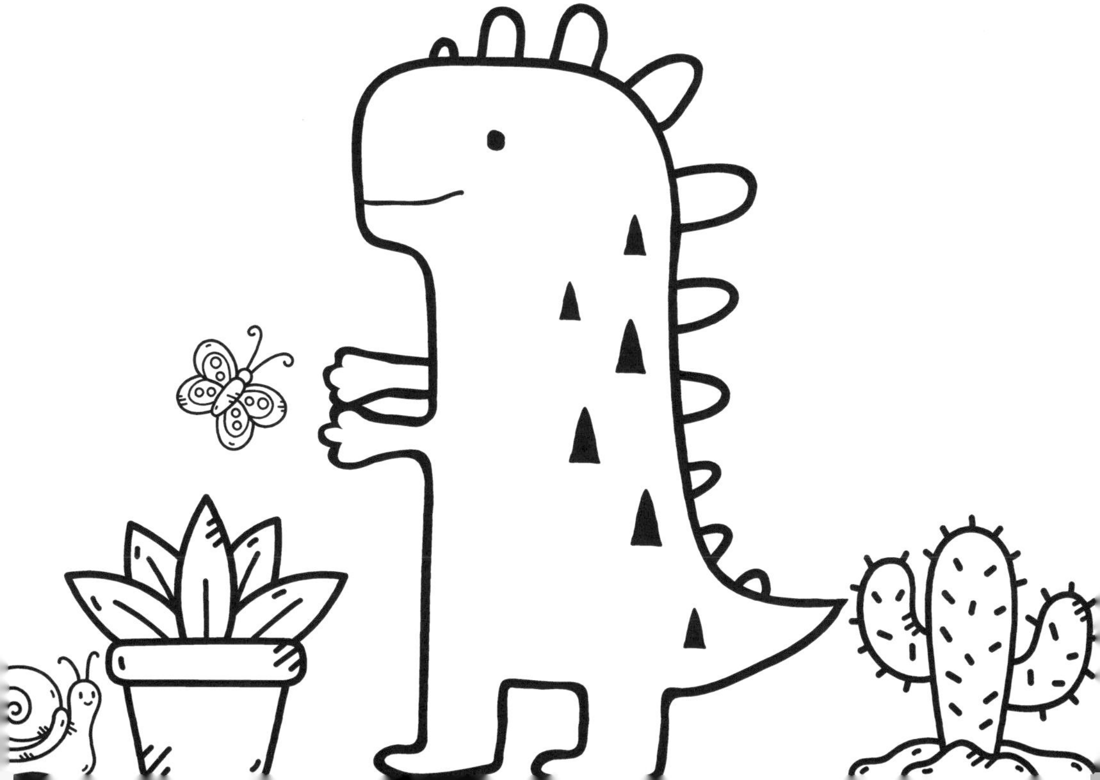

Ba mhór an spóirt dom an saothar seo a léamh. Is togra den scoth é. Is beag gníomh is fearr ná gasúir a bheith ag scríobh ar an dóigh seo. Scéilíní pearsanta atá sna hiarrachtaí seo againn agus baineadh gáire asam ag foghlaim faoina gcuid peataí, Freya an Luch, Bob an Turtar, Tom an Tíogar, Cití an Puisín is eile.

Cé a cheapfadh? Is maith le gasúir an Nollaig! Is maith leo Deaide na Nollag, is maith leo milseáin, is maith leo laethanta breithe, is maith leo peil, sacar is rugbaí. Is maith leo Messi, Ronaldo, Neymar, Klopp. Ach is maith leo buachaillí a n-áite féin freisin: Dessie, Paul, Seán, Eoghan.

Agus, céard déarfá, is maith leo an scoil!

Is álainn an leabhar é seo. Ar ndó, cuireann na léaráidí spraíúla go mór leis an ábhar scríofa. A ghasúra, tá an-mholadh ag dul daoibh agus ardmholadh freisin ag dul dóibh seo a rinne sibh a mhisniú.

Leabhar tóstalach. Is cinnte go gcuirfidh sibh an leabhar seo i dtaisce agus go mbeidh cuimhne agaibh air, agus ar an ócáid suntasach seo i Wildlands, fad is a mhaireann sibh.

Leanaigí oraibh ag scríobh mar seo. Dá mhéid a scríobhann sibh is ea is mó an sásamh a bhainfeas sibh as. Cé nach go héasca i gcónaí a thagann línte is abairtí le chéile. Amana tógann sé achar fada smaointe a chur i gceart. Bíonn foighid ag teastáil. Sea, go deimhin, a ghasúra, foighid! Ach i ndeireadh báire is fiú an tairbhe an trioblóid.

Pádraic Breathnach

Ní hionann an leabhar filíochta seo le rath acadúla bhur bpáistí amháin ach, taispeánann an leabhar seo an cruthaitheacht, an samhlaíocht agus an spraoi a bhaineann siad as focail. Tugann an filíocht deis dúinn gnáthrudaí a ghlacadh agus draíocht a chruthadh astu. Is scil don saol í an fhilíocht. Tugann sé deis dúinn le dul i ngleic leis an domhan timpeall orainn, bheadh sin mothúcháin, nádúr, nó fiú paicéid Haribos! Ghlac do pháistí greim ar pheann agus mar sin ghlac an filíocht greim orthu. Tá sé galánta speisialta gur thug an tionscnamh seo deis daofa ealaín a chruthadh as ár dteanga álainn fosta. Bhí sé mar sprioc againn an Ghaeilge a chur chun cinn leis an tionscnamh seo i ndóigh sparaoiúil agus taitneamhach dona pháistí le taispeáint daofa go bhfuil a leithéid de saol trí Ghaeilge in ann daofa. Tá muid cinnte go n-aontóidh sibh linn i ndiaidh na dánta álainn seo a léamh go bhfuil todhchaí na filíochta agus na teangan sábháilte leis an chéad ghlúin eile: bhur bpáistí.

Mol an óige agus tiocfaidh siad.

Aimée Ní Chonaing

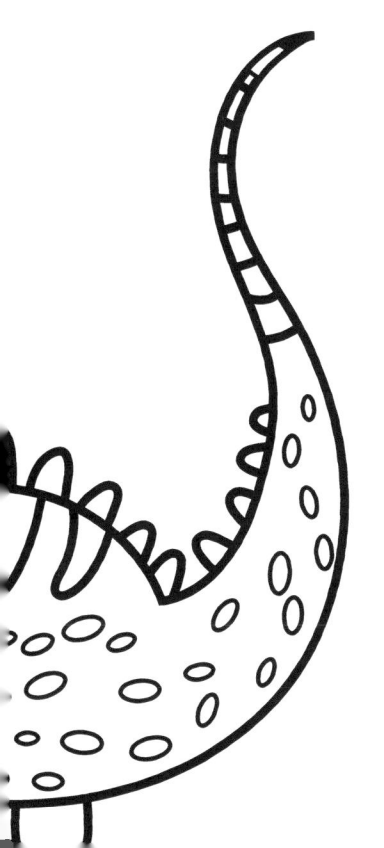

Tá tábhacht ar leith ag baint le filíocht nuair atá na filí óg! Tá leathanach lom os a gcomhair amach, mar shaol atá fós le líonadh. Focail úra á scríobh acu, idir samhlaíocht, fírinne íomha agus iontais. Maireann an focal scríofa.

Is mór an moladh atá ag dul dóibh ar an mbealach a thug siad faoi an dúshlán. Bhí spraoi agus gáire acu chómh maith le dian oibre agus tiúchan. Nuair atá an bunchloch láidir, is féidir tógáil ar sin go héasca. Scríobhadar gan aon stró. Chabhraigh siad lena chéile, d'éist siad le saothair a gcairde nuair a bhí filí óga eile ar léamh ós árd. Is túisce a eisteann duine óg le duine óg eile ach i ngach scoil, d'eist na daltai liomsa freisin! Bhain mé an-taithneamh as na cuairteanna. Bhí fáilte íontach ins na scoileanna.
Go raibh mile maith agaibh uile!

Máire Holmes

AUTHORS WANTED

We are selecting new books for
our catalogue.
Our books are distributed
internationally and loved around
the world.
Tell your story.
anbeansipublishng@gmail.com

NÓTA BUÍOCHAIS

Ba mhaith linn buíochas a ghabháil le Beartla Ó Flatharta agus foireann Ealaín na Gaeltachta as ucht maoiniú a chur ar fáil le go mbeadh muid in ann tabhairt faoin dtionscadal seo, agus le hÚdarás na Gaeltachta as ucht maoiniú agus tacaíocht a chur ar fáil don phróiseas pleanála teanga.

Ár mbuíochas le Máire Holmes agus le hAimée Ní Chonaing as ucht na ceardlanna filíochta a reáchtáil sna scoileanna, ar bhain na daltaí uile an-sult agus an-tairbhe astu, agus le Pádraic Breathnach as ucht an leabhar a sheoladh ar Lá Domhanda na Filíochta 2024.

Buíochas freisin le hInes Quintanilha McGee as ucht ár gcuid smaointe uile a chur le chéile chun an leabhar álainn seo a dhearadh agus a chruthú.

Faoi dheireadh, ba mhaith linn buíochas speisialta a ghabháil le príomhoidí agus foirne na mbunscoileanna as ucht a gcuid comhoibrithe, agus go háirithe leis na daltaí uile as ucht tabhairt faoi na ceardlanna filíochta agus as ucht na dánta áille seo a scríobh.

Ándría Uí Thaidhg
Aoife Ní Chonghaile
Ciarán Tierney
Michael McGee

An Bean Sí - Publishing